AF467958

CATALOGUE

DE

PORTRAITS

PLANS ET PIÈCES HISTORIQUES

RELATIFS A PARIS

ŒUVRE DE ISRAEL SILVESTRE

Dont la vente aux enchères publiques aura lieu

HOTEL DES COMMISSAIRES-PRISEURS, RUE DROUOT, N° 9

SALLE N° 4

Le Vendredi 18 Mai 1883

A UNE HEURE

Par le ministère de Me **MAURICE DELESTRE**, Commissaire-Priseur,
27, rue Drouot, 27;

Assisté de **M. CLEMENT**, Marchand d'Estampes de la Bibliothèque Nationale,
rue des Saints-Pères, 3.

PARIS — 1883

CONDITIONS DE LA VENTE

Elle sera faite au comptant.

Les adjudicataires payeront *cinq pour cent* en sus des enchères.

L'ordre du Catalogue sera suivi.

DÉSIGNATION

PORTRAITS

AUDRAN (J.)

1 — *Secousse* (Robert), d'après Rigaud in-fol. Belle épreuve.

BAZIN (N.)

2 — *Le Bouthillier de Rancé* (Armand-Jean), abbé du monastère de Notre-Dame de la Trappe, d'après Rigaud, in-fol. Belle épreuve.

3 — *Crasset* (le révérand père Jean), de la Compagnie de Jésus, d'après du Mée, in-fol. Belle épreuvé, marge.

CARS (J.-F.)

4 — *Polignac* (le cardinal de), d'après Rigaud, in-fol. Bonne épreuve.

CERONI

5 — Louis XIV, — Colbert, — le comte de Grignan, — La Rochefoucauld, — Anne d'Autriche, — Marie-Thérèse, — Mme de Longueville, — Ninon de Lenclos, — Mme de Maintenon, Mme de Sévigné, — Mlle de La Vallière, — Mlle de Fontanges, — Mme de Montespan, — Mme de Thianges, — Mme de Grignan. Dix-neuf portrait in-8, d'après les émaux de Petitot, publiés par Blaisot. Très belles épreuves, sur chine.

COSSIN (L.)

6 — *Conrart* (Valentin), d'après Le Fevre, in-fol. Belle épreuve.

DARET (P.)

7 — *Aubespine* (Ch. marquis de l'), garde des sceaux, in-fol. Belle épreuve.

DIVERS

8 — La mère Angélique *Arnauld*, — Marguerite de *Harlay*, — de *Maupeou*, — Gualbert *de Sartine*, — *Miromesnil*, — Le père de *La Chaise*, — *Louis XIII*, — *Richelieu*, — Le cardinal *de Retz*, — *Bossuet*, etc. Treize portraits in-8, et in-fol., par Desrochers, Le Beau, Morin, M. Lasne, etc.

DREVET (Pierre)

9 — *Arnauld* (Mre Antoine), d'après Champagne. Bonne épreuve.

10 — *Boileau-Despréaux* (Nicolas), d'après H. Rigaud, in-fol. Très belle épreuve.

11 — *Dangeau* (Phil. marquis de), d'après H. Rigaud, in-fol. Très belle épreuve. Marge.

12 — *Fleury* (le cardinal de), d'après Rigaud, in-fol. Bonne épreuve.

13 — *Lambert de Torigny* (Nic.), d'après N. de Largillière, in-fol. Belle épreuve.

14 — *Louis*, dauphin de France, d'après Rigaud, — *Louis*, duc de Bourgogne, d'après Rigaud. Deux portraits, in-fol. Bonnes épreuves.

15 — *Mesmes* (J. Ant. de), comte d'Avaux, président à mortier, d'après Rigaud, in-fol. Belle épreuve.

DREVET (P.-J.)

16 — *Bernard* (Samuel), d'après Rigaud, in-fol. Belle épreuve.

17 — *Bossuet* (Jacques-Benigne), d'après Rigaud, in-fol. Très belle épreuve.

18 — *Dubois* (le cardinal), d'après H. Rigaud, in-fol. Très belle épreuve. Marge.

19 — *Fénelon*, d'après J. Vivien, in-fol. Belle épreuve.

20 — *Lecouvreur* (Adrienne), d'après Ch. Coypel, in-fol. Belle épreuve. Marge.

DREVET (Cl.)

21 — *Vintimille* (Ch.-G.-G. de), archevêque de Paris, d'après H. Rigaud, in-fol. Bonne épreuve.

ÉDELINCK (Gérard)

22 — *Bossuet* (J. B.), d'après Rigaud, in-fol. Très belle épreuve.

23 — *Champagne* (Ph. de), d'après lui-même (164). Bonne épreuve avant le trait échappé.

24 — *Descartes* (René), d'après Fr. Hals (181). Belle épreuve. Marge.

25 — *Foix de la Valette d'Espernon* (Anne-Louise-Christine de), d'après Beaubrun (195). Belle épreuve.

26 — *Fléchier* (Esprit), d'après Rigaud, (205). Belle épreuve.

27 — *Louis XIV*, d'après J. de la Haye (256). Bonne épreuve.

28 — *Le Tellier* (Fr. M.), marquis de Louvois, d'après Mignard (261). Bonne épreuve.

29 — *Silvestre* (Israel), d'après Ch. le Brun (319). Belle épreuve.

ÉDELINCK ET LUBIN

30 — Portraits tirés des *Hommes illustres* de Perrault. Cinq portraits in-fol. Belles épreuves.

ÉDELINCK (N.)

31 — *Edelinck* (Gérard), d'après Tortebat. In-fol. Belle épreuve, marge.

GAUCHER (Ch.-Ét.)

32 — *Marie Leczinska*, reine de France, d'après J.-M. Nattier. Très belle épreuve, remargée.

GAULTIER (L.)

33 — *Henri IV*, portrait équestre, frontispice pour l'*Histoire de la guerre, sous le règne du très chrétien, roy de France et de Navarre.* Henri IIII. In-8, superbe épreuve, avant le texte au verso.

34 — Frontispice avec le portrait de Henri IV. In-8. Belle épreuve.

35 — *Louis XIII*, en costume royal, tenant la main de Justice et le sceptre royal. In-8. Très belle épreuve.

36 — Henri IV, — Louis XIII, — N. *Brulart de Sillery*, — Marguerite de *Valois*, reine de Navarre, quatre portraits in-8, et in-4. Bonnes épreuves.

HALUECH (A.)

37 — *Marie de Médicis*, reine de France. In-fol. Belle épreuve.

HORTHEMELS (M.-H.)

38 — *Thiard de Bissy* (Henri de), cardinal, d'après Rigaud. In-fol. Bonne épreuve.

DE LARMESSIN (N.)

39 — Anne d'Autriche, reine de France. In-fol. Très belle épreuve.

LEU (Th. de)

40 — *Argentré* (Bertrand d'), jurisconsulte. (300.) Très belle épreuve de premier état, avant les rides sur le front.

LEU (Th. de)

41 — *Biron* (Ch. de Gontaut, maréchal, duc de), — *Servin* (Louis), magistrat (486). Deux portraits in-8. Belles épreuves.

42 — *Gondi* (Henri de), Évesque de Paris. In-8. Épreuve remargée.

43 — *Luillier* (Jean), conseiller d'état (447). Belle épreuve.

44 — *François Ier*, — *François II*, — Charles de *Bourbon*, — *François II*, — Antoine de *Bourbon*, roi de Navarre, — Charles de *Bourbon*, comte de Soissons, — François de *Bourbon*, prince de Conti, — *Henri IV*, — Dix portraits in-8. Belles épreuves.

MASSARD (J.)

45 — Charles Ier, sa femme et ses enfants, d'après Van Dyck. Très belle épreuve.

MASSON (Ant.)

46 — Brisacier (Guillaume de) (15). Bonne épreuve.

47 — *Harcourt* (H. de Lorraine, comte d') dit le Cadet à la perle (34). Très belle épreuve.

48 — *Louis XIV*, d'après Ch. Le Brun (43). Très belle épreuve, marge.

49 — *Nicolaï* (Nic. de), président de la chambre des comptes (54). Très belle épreuve.

50 — *Ormesson* (Olivier le Fèvre d') (58). Très belle épreuve.

51 — *Péréfixe* (Hardouin de Beaumont de) (R. D., 61). Belle épreuve.

MELLAN (Cl.)

52 — *Gonzague* (Louise-Marie de), reine de Pologne. In-fol. Belle épreuve.

53 — Mathieu *Molé*, — Louis *Berrier*, Henri de *Mesmes*, — Ch. de *Condren*, — P. *Gassendi*, — Cl. Fabri de *Peiresc*. Six portraits. Belles épreuves.

MORIN (J.)

54 — *Potier* (Fr.) marquis de Gesvres, d'après Champagne (53). Bonne épreuve.

55 — *Lemon* (Marguerite), d'après Ant. Van Dyck. (62.) Belle épreuve.

56 — *Longueil* (R. de), marquis de Maisons, d'après Champagne. (65.) Belle épreuve.

57 — *Netz* (Nic. de), évêque d'Orléans, d'après Ph. de Champagne (70). Belle épreuve.

58 — *Duvergier de Hauranne* (J.). Abbé de Saint-Cyran, d'après Champagne. (82.) Belle épreuve.

MULLER (J.-G.)

59 — Louis Seize, en pied et manteau royal, d'après Duplessis. Belle épreuve.

NANTEUIL (R.)

60 — *Amelot* (Jacques), marquis de Mauregard (R. D., 19). Bonne épreuve.

61 — *Aubray* (Dreux d'), lieutenant civil au Châtelet de Paris (25). Très belle épreuve.

62 — *Beaufort* (François de Vendôme, duc de), le Roi des Halles (33). Très belle épreuve.

63 — *Bellièvre* (Pompone de), premier président au parlement de Paris, d'après Le Brun (37). Très belle épreuve.

64 — *Chapelain* (J.), poète (60). Belle épreuve.

65 — *Christine*, reine de Suède, d'après Bourdon (67). Très belle épreuve, marge.

66 — *Colbert* (Jean-Baptiste), contrôleur général des finances (72). Belle épreuve.

67 — *Condé* (Louis de Bourbon, 2e du nom, prince de) (79). Superbe épreuve, grande marge.

68 — *Fouquet* (Nicolas), surintendant des finances (98).

NANTEUIL (R.)

69 — *Lamoignon* (Guillaume de), premier président du Parlement de Paris (119). Bonne épreuve.

70 — *Le Coigneux* (Jacques), président à mortier au Parlement de Paris (125). Bonne épreuve.

71 — *Le Tellier* (Michel), ministre d'Etat (13). Superbe épreuve.

72 — *Lionne* (Hugues de), secrétaire d'État (146). Belle épreuve du premier état.

73 — *Loménie de Brienne* (Henri-Auguste de), secrétaire d'Etat (148). Superbe épreuve du premier état.

74 — *Longueville* (Henri d'Orléans, 2e du nom, duc de) (149). Belle épreuve.

75 — *Loret* (Jean), poète (150). Très belle épreuve.

76 — Marie-Jeanne-Baptiste de Savoie-Nemours, duchesse de Savoie (169). Belle épreuve.

77 — *Marolles* (Michel de), abbé de Villeloing (171). Belle épreuve du premier état.

78 — *Mazarin* (Jules), cardinal, ministre d'Etat (180). Épreuve du premier état.

79 — Le même personnage (187). Épreuve du premier état.

80 — *Menage* (Gilles), homme de lettres (188). Épreuve du premier état, avec marge.

81 — *Mesmes* (le président Jean-Antoine de) (192). Deux épreuves d'états différents.

82 — *Molé* (Édouard), président à mortier au Parlement de Paris (193). Belle épreuve.

83 — *Nemours* (Anne-Marie d'Orléans-Longueville, duchesse de), d'après Beaubrun (200. Belle épreuve.

84 — *Perefixe* (Hardouin de Beaumont de) (211). Belle épreuve du premier état.

NANTEUIL (R.)

85 — *Regnauldin* (Claude), procureur général au Grand Conseil (216). Très belle épreuve du premier état.

86 — *Richelieu* (Armand-Paul du Plessis, cardinal, duc de), d'après Champaigne (218). Superbe et rare épreuve du premier état.

87 — *Sarrasin* (Jean-François), homme de lettres (220). Belle épreuve du premier état.

88 — *Scudéri* (Georges de), membre de l'Académie française (221).

89 — *Turenne* (Henri de La Tour d'Auvergne, vicomte de), maréchal de France; d'après Champaigne (232). Très belle épreuve.

90 — *Voiture* (Vincent), membre de l'Académie française (234). Belle épreuve.

PETIT

91 — *Potier, duc de Gesvres* (Joachim-François Bernard), d'après L. M. Vanloo, in-fol. en pied. Belle épreuve.

PICART (J.)

92 — *Schomberg* (Charles de), duc d'Hallwin. — *Toiras* (J. de), Deux portraits in-fol. Belles épreuves.

POILLY (F. DE)

93 — *La Motte-Houdancourt* (la maréchale de), in-fol. Très belle épreuve.

POILLY (N.)

94 — *Anne-Marie-Louise d'Orléans.* Mlle de Montpensier en Minerve, in-fol. Très belle épreuve.

95 — *Louis XIV*, jeune, d'après Georgius, in-fol. Très belle épreuve.

PONTIUS (P.)

96 — *Rubens* (Pierre-Paul), d'après Van Dyck. Superbe épreuve du premier état, avant le nom du graveur.

REGNESSON (N.)

97 — *Marie de Bourbon-Montpensier*, mère de la grande Mademoiselle, in-fol. Très belle épreuve.

98 — *Longueville* (Anne-Geneviève de Bourbon-Condé, duchesse de), in-8. Belle épreuve. Rare.

ROMANET (A.)

99 — *Beaumont* (Christophe de), archevêque de Paris. — Louis-François de Bourbon, prince de *Conti*. Deux portraits, in-fol., d'après Le Petit et Duhamel. Belles épreuves, marges.

SCHUPPEN (P. Van)

100 — *Marca* (Pétrus de), d'après Vanloo, in-fol. Très belle épreuve.

101 — *Retz* (J.-Fr., cardinal de), 1662. Superbe épreuve. Très rare.

SPIERRE (F.)

102 — *Christine*, reine de Suède, in-fol. Belle épreuve.

WISSCHER (L.)

103 — *Marie-Thérèse d'Autriche*, d'après Vanloo, in-fol. Belle épreuve.

WILL (J.-G.)

104 — *Marigny* (Abel-François Poisson, marquis de), d'après L. Tocqué, in-fol. Belle épreuve, marge.

PIÈCES HISTORIQUES

PLANS ET VUES DE PARIS

ŒUVRE D'ISRAEL SILVESTRE

ANONYME

105 — Procession en l'église de Notre-Dame de Paris, de la châsse de sainte Geneviève, le 16 août 1706, in-fol. Pièce rare, avec texte explicatif.

106 — Prison de Magdelonnetes, devenue Maison d'arrêt sous la tirannie de Robespierre, l'an 1794, IIe de la République française. Très belle épreuve d'une pièce rare.

BELLA (Stephanus della)

107 — La perspective du Pont-Neuf de Paris. Superbe et rare épreuve du premier état, avant la girouette sur le clocher de Saint-Germain-Lauxerrois.

108 — La même estampe. Très belle épreuve du deuxième état.

109 — Place Royale. — Place Dauphine. Deux pièces. Très belles épreuves.

BERTHAULT

110 — Vue intérieure de Paris. Très rare épreuve avant toutes lettres.

111 — Vue perspective de la place Louis XV et du pont de Louis XVI. Bonne épreuve.

BONNARDOT

112 — Études archéologiques sur les anciens plans de Paris, des XVIe, XVIIe et XVIIIe siècle, par A. Bonnardot. Paris, à la librairie ancienne de Deflorenne, 1851. 1 vol. grand in-4, broché.

BONNARDOT

113 — Dissertations archéologiques sur les anciennes enceintes de Paris, suivies de recherches sur les portes fortifiées qui dépendent de ces enceintes, par A. Bonnardot. Paris, J.-B. Dumoulin, 1852-1853. 2 livraisons grand in-4, brochées.

BOSSE (A.)

114 — L'infirmerie de l'hopital de la Charité de Paris (G. D., 1266). Superbe épreuve, marge.

115 — La galerie du Palais (G. D., 1267). Très belle épreuve.

116 — Les femmes à table en l'absence de leurs maris (G. D., 1399). Très belle épreuve avec l'adresse de Le Blond.

BRY (J.-Th.)

117 — Le triomphe de Jésus-Christ. Très belle épreuve.

118 — La fête de village, d'après Hans Sebald Beham. Très belle épreuve.

CALLOT (J.)

119 — Les deux grandes vues de Paris. Deux pièces. Belles épreuves.

DE FER (N.)

120 — Le plan de Paris, ses faubourgs et ses environs. — Les environs de Paris, dressés et dédiés à Mgr le Dauphin. Deux pièces.

121 — Plan de Paris du traité de la Police, en huit feuilles. Très bel exemplaire, avec grandes marges.

DEHARME

122 — Plan de la ville et fauxbourgs de Paris, divisé en vingt quartiers..... par Deharme. 1763, 1 vol. in-4°, cartonné.

DIVERS

123 — Sous ce numéro, il sera vendu un lot de Plans de Paris, par l'abbé Delagrive, Meryan, De la Haye, Lattré, et plans de Paris des xve et xvie siècles.

124 — Sous ce numéro, il sera vendu par lots un grand nombre de Vues de Paris, Pièces historiques, Vues d'optique, etc.

DUPLESSIS-BERTAUX et PRIEUR (d'après)

125 — Tableaux de la Révolution, sujets relatifs à Paris. Vingt-neuf pièces.

DURER (Albert)

126 — La Nativité (copie). — La Vierge à la muraille. Deux pièces. Belles épreuves.

GAITTE et RANSONNETTE

127 — Eglises et Maisons de Paris, — Vue perspective extérieure du Théâtre français, — Vue perspective extérieure du Théâtre italien, — Le Petit chastelet. Neuf pièces.

GAULTIER (L.)

128 — Vue de Paris à vol d'oiseau. Très belle épreuve avant le texte au verso.

GIRARDET

129 — Siège de la Bastille du 14 juillet 1789, — Pacte fédératif des Français le 14 juillet 1790, — Journée du champ de Mai, année 1815. Trois pièces. Très belles épreuves.

GIRARDET (d'après)

130 — Ouverture des États généraux. Deux compositions différentes, gravées par Duparc et Niquet. Très belles épreuves avant la lettre, marges.

GOMBOUST (J.)

131 — Plan de Paris dressé géométriquement en 1649, et publié en 1652, par Jacques Gomboust avec le texte, les vues et les ornements qui accompagnent quelques exemplaires, augmenté d'une feuille d'assemblage pour faciliter les recherches, gravé en fac-simile par Lebel, et publié par la Société des Bibliophiles français. A Paris, chez Techener, Potier et Aubry, 1858. In-fol. en portefeuille, avec la notice sur le plan de Paris, en 1 vol. in-8° broché.

GREUX

132 — Intérieur de Notre-Dame de Paris. Très belle épreuve.

GUEROULT-DUPAS

133 — La Salpestrière, — Le Dôme du Val-de-Grâce et l'observatoire de Paris, — Vue de l'Aqueduc d'Arcueil, — Vue de la maison de S. A. S. Monseigneur le prince de Conty à Issy, — Vue du château de Cachan. — Vue de l'hospital de Bicestre. Suite de six pièces. Très belles épreuves. Rares.

134 — Vue de Paris du côté du quartier du Marais du Temple, — Vue de la Maison-Blanche, — Vue du Port de la Rapée, — Vue des Pavillons des jardins sur le bord de la Seine, — Vue du Moulin de Quincangrogne, — Vue du Port-à-Langlois. Suite de six pièces. Très belles épreuves. Rares.

HUCHTENBURG

135 — Marche du Roy accompagné de ses gardes passant sur le Pont-Neuf et allant au palais, d'après Vander-Meulen. Belle épreuve.

JONAS (H.)

136 — Représentation des machines qui ont servi à eslever les deux grandes pierres qui couvrent le fronton de la principale entrée du Louvre. Belle épreuve.

LANTARA (d'après)

137 — Premier livre de Veues; en XII feuilles, des environs de Paris, d'après Lantara, sous la direction de M. J. Ph. Le Bas. Treize pièces y compris le titre. Superbes épreuves avec marges. Très rares.

LELEU

138 — Première Vue du cortège de Sa Majesté Napoléon Ier, Empereur des Français, passant devant le Palais du Tribunal pour se rendre à Notre-Dame et y être sacré par le Pape Pie VII, 1804. Très belle épreuve. Rare.

LE PAUTRE (J.)

139 — Plan et Elévation en perpective des quatre Réfectoires des soldats de l'hôtel royal des Invalides, avec légende.

LESPINASSE, LE PAON et MEUNIER

140 — Vues de Paris et des environs, tirées du *Voyage en France* de Laborde, 118 pièces. Très belles épreuves, toutes marges.

MAROT (J.)

141 — Églises de Paris. Dix pièces. Très belles épreuves avec l'adresse de Van Merleen. Marges.

142 — Églises, Couvents et Hôtels de Paris. Dix-huit pièces. Très belles épreuves avec l'adresse de Mariette.

143 — Hôtels, Églises et Monuments de Paris. Tirés de l'*Architecture* de J. Marot. Vingt-trois pièces. Très belles épreuves.

MARTINI

144 — Exposition au Salon du Louvre en 1787. Belle épreuve.

MERYON (Ch.)

145 — Vue de l'ancien Louvre du côté de la Seine, — Vue de Paris. Deux pièces d'après Zeemann. Belles épreuves.

146 — Vues de Paris. Deux pièces.

MONET ET MOREAU

147 — Ouverture des Etats-Généraux à Versailles, le 5 mai 1789, — Constitution de l'Assemblée nationale et Serment des députés qui la composent à Versailles, le 17 juin 1789, — Abandon de tous les privilèges, séance de la nuit du 4 au 5 août 1789, — Serment du Jeu de Paume. Quatre pièces. Belles épreuves.

PASQUIER ET DENIS

148 — Plan topographique et raisonné de Paris, ouvrage utile au citoyen et à l'étranger, dédié et présenté à Monseigneur le Duc de Chevreuse, gouverneur de Paris, 1758. 1 vol. in-8, veau marbré.

PERELLE

149 — Vues générales de Paris et de ses principaux monuments. Quarante pièces. Très belles épreuves ; plusieurs sont avant la lettre.

150 — Vues de Saint-Cloud, — Versailles, — Saint-Germain en Laye, — Saint-Ouen, — Choisi, — Vincennes, — Sceaux, — Chantilly, — Vaux. Vingt-cinq pièces. Très belles épreuves.

RIGAUD, LENOIR, MOREAU, DUBOIS

151 — Vues des monuments de Paris et ses environs. Vingt-deux pièces.

ROUSSEL

152 — Paris, ses fauxbourgs et ses environs, où se trouve le détail des villages, maisons, grands chemins pavez et autres, des hauteurs, bois, vignes, terres et prez, levez géométriquement par le sieur Roussel. Très beau plan collé sur toile.

SILVESTRE (Israel)

153 — Les lieux les plus remarquables de Paris et des environs. Suite de douze pièces (F., 48). La Porte de la Conférence, — La Porte Saint-Bernard, — Veue de Larcenal, — Veue de l'Isle de Nostre-Dame, — Porte de Saint-Honoré, — Veue de la Bastille de Paris, — La Grotte de Meudon, — Veue des Bons-Hommes, — Veue du Pont de l'Hostel Dieu de Paris, — Veue du Luxembourg, — Saint-Germain en Laye. Très belles épreuves du premier état.

154 — Vue générale de Paris en deux feuilles (F., 75).

Cette vue générale de Paris est prise des hauteurs de Chaillot, et dessinée par Silvestre, de la terrasse de sa maison, quelque temps avant sa mort, elle est de la plus grande rareté. Superbe épreuve en parfait était de conservation.

155 — Profil de la ville de Paris (76). Très belle épreuve, grande marge.

156 — La même Vue. Belle épreuve.

157 — Perspective de la ville de Paris, veue du Pont des Tuileries. (Faucheux, 77). Superbe épreuve, marge.

158 — Veue de l'Archeveschê de Paris et du Pont de la Tournel (79), — Veue de l'Arsenal de Paris et du Mail (80). Deux pièces.

159 — Veue du grand couvent des Augustins qui regarde l'Isle du Palais et une partie du château du Louvre, — Les Petits-Augustins du faubourg Saint-Germain (81 — 1 et 3). Deux pièces.

160 — Veue du Chasteau de la Bastille à Paris, — Château de la Bastille du costé de la rue Saint-Antoine, — Le Chasteau de la Bastille de Paris, hors la Porte Sainct-Antoine (F. 82 — 1, 2 et 3). Trois pièces. Très belles épreuves.

161 — Veue de l'Eglise des Bernardins à Paris (83), — Veue de l'Église des Bons-Hommes près de Paris, — Le Coin des Bons-Hommes, proche de Paris (84 — 1 et 2). Trois pièces. Très belles épreuves.

SILVESTRE (Israël)

162 — Vue d'une partie de l'Église des Carmes deschaussez et de la grande gallerie du Louvre (85), — Veue de l'Église des Carmélites du faubourg Saint-Jacques (86), — Veue du Chasteau de Chaillot proche de Paris (87), — Le grand Chastelet de Paris (88), — Vue de l'Église et Cimetière des Saint-Innocents à Paris (89). Cinq pièces. Très belles épreuves.

163 — Veue du Collège des Quatre-Nations (90-1).

164 — Veue et perspective du cours de la Reyne-Mère (91).

165 — Les Feuillans (92), — Les Filles de l'Annonciation ou Ursulines (93), — Veue de l'Église des Filles de Sainte-Marie (ou de la Visitation) (94), — Veue de l'Église des Filles du Mont-Calvaire (95), — Veue de la fontaine Saint-Innocent à Paris (96). Cinq pièces. Très belles épreuves. Les n°s 92, 93 et 95 sont du premier état.

166 — Veue de l'église de l'hospital de Saint-Louis (97), — L'hostel d'Angoulême du costé du jardin (98), — Veue de l'hostel de M. le mareschal Daumont (99), — Hôtel du commandeur de Jarre (100), — Veue de l'Hostel-Dieu de Paris (101), — L'hostel de Monsieur le duc de Luynes à Paris (102). Six pièces. Très belles épreuves.

167 — L'hostel de Nevers et l'Isle du Palais, — L'hostel de Nevers et les galeries du Louvre (103 — 1 et 2), — Veue et perspective de l'hostel de Saint-Paul (104). Trois pièces. Très belles épreuves.

168 — Veue de l'hostel de Soissons, du costé du jardin, — Veue de l'hostel de Soissons bâti par Catherine de Médicis (105 — 1 et 2), — Véue de l'hostel de Sully, rue Saint-Antoine à Paris, — Veue de l'orangerie de l'hostel de Sully (106 — 1 et 2). Quatre pièces. Très belles épreuves.

169 — L'hostel de Vendosme (107), — Veue de l'hostel de Ville de Paris, — Veue de l'hostel de Ville de Paris et de la place de Grève (108 — 1 et 2), — Veue de l'isle Louvier et d'une partie de l'isle Nostre-Dame (109). Quatre pièces. Très belles épreuves.

SILVESTRE (Israel)

170 — Veue de l'isle Notre-Dame (110 — 1), — Veue du Jardin des Simples au fautbourg Sainct-Victor, — Veue du jardin du Roy au faubourg Saint-Victor à Paris (111 — 1 et 2), — L'église Novicial des jésuites du fautbourg Saint-Germain (113). Quatre pièces. Très belles épreuves.

171 — Vue du Louvre et de la Porte de Nesle du côté du fauxbourg Saint-Germain, — Veue du Louvre par dedans le bastiment neuf, — Veue de la galerie du Louvre et du pont des Tuileries, comme il était en l'année 1657, — Veue et perspective de la galerie du Louvre, dans laquelle sont les portraits des rois, des reines, etc., — Veue et perspective du dedans du Louvre, faict du règne de Louis XIII, — Veue et perspective de la partie du Louvre où sont les appartements du roy, etc., — Vue du Louvre et de la grande galerie du costé des offices, — Les galeries du Louvre (F. 115 — 1, 3, 4, 5, 6, 7, 8 et 10). Huit pièces. Superbes épreuves.

172 — Palais d'Orléans, — Veue et perspective du dedans du palais d'Orléans, — Vue et perspective du palais d'Orléans et d'une partie du petit Luxembourg du costé du jardin, — Veue et perspective du Luxembourg du costé du jardin, à présent appellé Palais d'Orléans, — Veue du palais d'Orléans du costé du jardin, — Veue du palais d'Orléans du costé du jardin, — Veue du palais d'Orléans du costé des Chartreux, — Veue du jardin du palais d'Orléans et du petit Luxembourg, — Veue du palais du Luxembourg du costé du jardin (F. 117 — 1, 2, 3, 4, 5, 6, 7, 8, 9 et 10). Dix pièces. Très belles épreuves.

173 — Veue de la maison de Monsieur de Bretonvillier et de l'isle Nostre-Dame, — Veue de la maison de Monsieur de Bretonvillier dans l'isle Nostre-Dame, — Veue et perspective de la maison appartenant à Madame de Bretonvilliers du costé du jardin dans l'isle Nostre-Dame (F. 119 — 1, 2 et 3). Très belles épreuves.

174 — Veue de la maison de Monsieur Le Coigneux..., scize au faubourg Saint-Germain (120). Très belle épreuve.

SILVESTRE (Israel)

175 — Veue d'une maison du faubourg Saint-Germain (F. 121). Rare.

176 — Maison de Monsieur le premier président du Parlement de Paris (123), — Église de la Mercy devant l'hostel de Guise (124). Deux pièces.

177 — Perspective de l'église de Nostre-Dame veue de la place de Grève, — Perspective de l'église Nostre-Dame veue du quay de la Tournelle (F. 125 — 1 et 2). Deux pièces. Très belles épreuves.

178 — Veue de la cour et de la gallerie Dauphine du Palais à Paris (126).

179 — Veue et perspective du palais du Cardinal du costé du jardin...., — Veue du Fort-Royal fait en l'année 1650 dans le jardin du palais Cardinal pour le divertissement du Roy, — Veue de la gallerie du palais Royal à Paris (127 — 1, 2 et 3).

180 — Veue de la place de Grève et de l'église Nostre-Dame (128), — Place Royale (129 — 2). Deux pièces. Belles épreuves.

181 — Veue du Pont-Neuf à Paris (130-2). Très belle épreuve. Rare.

182 — Veue du Pont-Neuf et de l'Isle du Palais à Paris (13-03), — La statue de Henri IV et de l'Isle du Palais (131). Deux pièces. Très belles épreuves.

183 — Veue et perspective du Pont Neuf et de la Gallerie du Louvre, — Veue et perspective du Pont-Neuf et du Pont-au Change (130-4 et 5). Deux pièces rares. Très belles épreuves.

184 — Veue du Pont Saint-Landry (133), — Le Pont Saint-Michel et la rue Neuve-Sainct-Louis (134), — Veue de la Porte de Sainct-Bernard et du Pont Marie à Paris (136-1), — Veue de la Porte Sainct-Denis de la ville de Paris par le Dehors (138). Quatre pièces. Très belles épreuves.

SILVESTRE (Israel)

185 — Veue des Porcherons proche Paris (135). Très belle épreuve. Rare.

186 — Veue de la Porte de la Conférence, — Autre vue de la Porte de la Conférence (F., 137-2 et 3. Deux pièces. Rares.

187 — Veue du Quai des Augustins et du Pont Sainct-Michel (140), — Veue du Quay de Gesvre et du Pont Notre-Dame de Paris (141), — Église des Quinze-Vingts (142). Trois pièces. Très belles épreuves.

188 — Veue de la Saincte Chapelle et de la Chambre des Comptes de Paris (145), — Veue de l'Abbaye Sainct-Germain-des-Prez lez Paris, — Maison Abbatiale de Sainct-Germain-des-Prez lez Paris (150-1 et 2), — Veue et perspective de l'Église Sainct-Martin-des-Champs (152). Quatre pièces. Très belles épreuves.

189 — Veue de l'Église Saint-Laurent au Faubourg de Paris (f. 151), — Notre-Dame des Vertus proche Paris (266). Deux pièces. Très belles épreuves avant la lettre.

190 — Veue de l'Église Sainct-Denis de la Chastre (146), — Veue de l'Église Sainte-Élisabeth près le Temple à Paris (147), — Église Royal, collégial et paroissiale de Saint-Germain de Lauxerois à Paris (149), — Veue de l'Église Saint-Sauveur, rue Saint-Denis (153), — Saint-Sulpice (154) — Veue de l'Église du Temple à Paris (158-1). Six pièces. Très belles épreuves. Rares.

191 — Veue de l'Église de Saint-Victor fondé par Louis le Gros, Empereur et Roy de France (155), — Veue d'une partie du Cours et de la Savonnerie (156). Deux pièces. Très belles épreuves.

192 — Livre contenant les veues et perspectives de la Chapelle et Maison de Sorbonne..., — Le grand Portail et Église de Sorbonne..., — Veue et perspective de la Chapelle et Maison de Sorbonne..., — Veue et perspective de la Chapelle et Maison de Sorbonne, du costé de la court (F. 157-1, 2, 3 et 4). Quatre pièces. Très belle épreuve.

SILVESTRE (Israel)

193 — Veue et perspective de l'Église et de la Cour du Temple, — Veue de la Maison et Jardin de M. le grand Prieur du Temple, — Veue du Jardin de M. le grand Prieur du Temple (F. 158-2, 3 et 4). Trois pièces. Très belles épreuves.

194 — Veue de la Tour de Nesle et du Louvre, — Veue et perspective de la Tour de Nesle et de l'hostel de Nevers, — Veue de la Tour de Nelle et de la Gallerie du Louvre (F. 159-1, 2 et 3). Trois pièces. Très belles épreuves.

195 — Veue de la Tour Neusve du grand Prevost et de la Gallerie du Louvre (160).

196 — Veue du Palais et des Jardins des Thuileries (161-6), — Vues des jardins du Palais des Thuileries, du costé du cours de la Reyne (161-9). Deux pièces. Très belles épreuves.

197 — Palais de la Reyne Catherine de Medicis, dit les Tuilleries, basty l'an 1564, — Veue du Dôme du Palais des Tuilleries...... — Veue et perspective des Tuilleries et de la grande Escurie, — Veue et perspective du gros pavillon des Tuilleries et de la grande Gallerie du Louvre, — Veue et perspective du Jardin des Tuilleries et de la Porte de la Conférence, — Veue et perspective du Jardin et Pont des Tuileries, — Veue du jardin de M. Renard aux Tuilleries (F. 161-10, 11, 12, 13, 14, 15 et 16). Sept pièces. Très belles épreuves.

198 — Veue du Monastère royal du Val-de-Grace (162). Belle épreuve. Rare.

199 — Veue au naturel de la Cité d'Alize (164).

200 — Vue et perspective d'Anecy-le-Franc dans le duché de Bourgogne....., — Veue de l'entrée du chasteau d'Ansy-le-Franc, — Veue du chasteau d'Ansy-le-Franc du costé du parterre (F. 165, 2, 3 et 5). Très pièces. Trois belles épreuves.

SILVESTRE (Israel)

201 — Veue d'Arcueuil proche Paris, — Veue perspective Delaqueduc d'Arcueil (167-1 et 2). Deux pièces.

202 — Veue et perspective de Chasteau d'Avron (168).

203 — Veue du Chateau et de la Ville d'Avignon, — Veue et perspective d'une partie des Ville et chasteau d'Avignon, — Veue de la Tour de la Villeneusve et du Pont d'Avignon, — Partie du Pont d'Avignon (F. 170-2, 3, 4 et 5). Quatre pièces.

204 — Avignon (170-1). Très belle épreuve.

205 — Veue de Berny à deux lieues de Paris sur le chemin d'Orléans..., — Veue et perspective de la Maison de Berny du costé de l'entrée (F., 173-1 et 2), — Veue et perspective du chasteau de Blerancourt..., — Veue du chasteau de Blerancourt (F., 174-1 et 2). Quatre pièces. Très belles épreuves.

206 — Veues et perspective de l'Église Notre-Dame de Boulogne (177), — Veue et perspective du chasteau de Bourbon l'Archambaut où sont des Bains......, — Veue du Chasteau et de l'Estang de Bourbon Larchambaut, — Autre veue du Chasteau de Bourbon Larchambaut, — Veue des Bains de Bourbon l'Archambaut (178-1, 2, 3 et 4). Cinq pièces. Très belles épreuves.

207 — Veue du Chasteau de Bourbon Lancy et des Bains dudit lieu..... (179), — Veue et perspective du Chasteau de Breves en Nivernois..... (180), — Veue et perspective de l'entrée du chasteau de Bury en Blaisois....., — Façade du Chasteau de Bury Rostaing du costé de Blois..... (F., 182-1 et 2). Quatre pièces. Très belles épreuves.

208 — Veue du Chasteau de Chambor, du costé de l'entrée (184-1). Belle épreuve.

209 — Vue et perspective de la Maison de Chantemesle.... (185), — Veue du Chasteau de Chanteloust entre Linas et Chastres.... (186). Deux pièces. Très belles épreuves.

SILVESTRE (Israel)

210 — Veue du Chasteau de Chantilly à dix lieues de Paris, — Veue du Canal de Chantilly du costé du Jeu de Paulme, — Chantilly, — Chantilly (F., 187-1, 2, 3 et 4). Quatre pièces. Très belles épreuves.

211 — Veue et perspective du village et du Pont de Charenton, — Veue et perspective du Pont et du Temple de Charenton (189-1 et 2), — Veue de la Citadelle de Montolinpe à Charleville (191), — Veue de la Grande Chartreuse, — Veue de la Grande Chartreuse près Grenoble, — Veue de la Grande Chartreuse (192-1, 2 et 3). Six pièces. Très belles épreuves.

212 — La Charité (190). Très belle épreuve.

213 — Vue et perspective du Chasteau de Chavigny en Touraine..... (193), — Veue et perspective du Chasteau de Chilly (194), — La Tour de Clermont en Dauphiné..... (196), — Veue d'une partie de la ville de Clermont en Picardie (197), — Veue de l'Église de l'Abbaye de Clervaux en Bourgogne (198). Cinq pièces. Très belles épreuves.

214 — Veue de l'Église de Clichy la Garenne, à une lieue de Paris (199). Très belle épreuve.

215 — Chasteau de Coffry, — Perspective de l'allée qui va au chateau de Coffry (200-1 et 2), — Veue et perspective du Chateau de Coulommiers en Brie..., — Veue et perspective du Chasteau de Coulommiers en Brie du costé du jardin..... (203-1 et 2). Quatre pièces. Trois belles épreuves.

216 — Veue et perspective de la Maison de Conflans, à une lieue de Paris (201). Très belle épreuve.

217 — Veue du chasteau de Courance en Gastinais (du costé de l'entrée), — Vue du Chasteau de Courance en Gastinois (204-1 et 2), — Veue du Prieuré et village de Croissy...., — Veue de Croissy Saint-Martin Saint-Leonard à quatre lieues de Paris..... (206-1 et 2). Quatre pièces. Très belles épreuves.

SILVESTRE (Israel)

218 — Marche des Mareschaux de Camp et des cinq quadrilles depuis la grande place derrière l'hostel Vendôme jusqu'à l'entrée de l'Amphitheatre. 11 Pièces faisant partie du livre. *Courses de Testes et de Bague faite par le Roy et par les Princes et Seigneurs de sa cour en l'année* 1662 (F. 205-1 à 11). Très belles épreuves, toutes marges.

219 — Décorations et machines aprestées aux nopces de Tetis, frontispice (F., 207-1). Très belle épreuve. Rare.

220 — Veue de Sainct-Michel de Dijon, — Vue de l'Église de Sainct-Michel de Dijon, — Veue du Palais de Dijon, — Fontaine Saint-Bernard près Dijon (F., 209-2, 3, 4 et 5). Quatre pièces. Très belles épreuves.

221 — Veue et perspectives du chasteau d'Escouan... — Veue et perspective du chasteau d'Escouan et d'une partie du bourg (F. 210 — 1 et 2), — Veue de la grande église de Flavigni, où sont les reliques de saincte Reyne, — Veue de la grande église de Flavigny et d'une partie du bourg (214 — 1 et 2). Quatre pièces. Très belles épreuves.

222 — Diverses veues du chasteau et des bastiments de Fontaine Belleau, dessiné et gravé par Israel Silvestre. Silvestre. Suite de dix pièces (F. 216 — 1 à 10). Superbes épreuves.

223 — Veues de Fontainebleau (F. 216 — 11, 12, 13, 14, 15, 16, 18, 19, 20 et 21). Onze pièces. Le numéro 19 est double en premier et troisième états. Très belles épreuves.

224 — Veue et perspective du chateau de Fontaine Belleau, — Veue du chasteau de Fontainebleau, du costé du grand canal, — Vue de la cour du Cheval Blanc de Fontaine Belleau, — Veue de la cour des Fontaines et du jardin de l'Estan de Fontaine Beleau (F. 216 — 23, 27, 28 et 29). Quatre pièces. Très belles épreuves.

225 — Fréjus (217). Très belle épreuve.

226 — Perspective du jardin de Fremont (218 — 3). Très belle épreuve.

SILVESTRE (Israel)

227 — Veue et perspective du chasteau de Fremont....., — Veue et perspective de la cascade de Fremont (F. 218 — 1 et 2), — Veue du chasteau de Fresnes..., — Veue et perspective du chasteau de Fresnes du costé des jardins (219 1 et 2). Quatre pièces. Très belles épreuves.

228 — Veue et perspective du château de Gaillon apartenant à Monseigneur l'archevêque de Rouen (220 — 1).

229 — Veue du chateau de Gaillon en Normandie, — Veue du chasteau de Gaillon du costé du parc, — Veue du jardin d'en haut de Gaillon, — Veue du chasteau de Gaillon, — — La chapelle de Gaillon (F. 220 — 2, 3, 4, 5 et 6). Très belles épreuves.

230 — Veue de Gondy....., — Veue des jardin et parterre de la maison de Gondy à Sainct-Cloud (F. 221 — 1 et 2). Deux pièces. Très belles épreuves.

231 — Veue et perspective d'une partie de la ville de Grenoble....., — Veue et perspective du pont de Grenoble et d'une partie de la maison de M. le duc de Lesdiguières, — Veue en entrant dans la ville de Grenoble, — Porte de Grenoble, — Veue de la Porte de France à Grenoble (F. 222 2, 4, 5, 6, 7 et 8). Six pièces. Très belles épreuves.

232 — Veue de la Tour de Grignon, proche saincte Reyne, du diocése de Langre (223), — Veue de l'entrée du chasteau de Grosbois..., — Veue du chasteau de Gros-Bois du costé du jardin, — Veue d'une partie du jardin de Gros-Bois (224 — 1, 2 et 3), — Veue du chasteau d'Irois en Champagne, appartenant à M. le marquis de Francsier..., — Veue du chasteau d'Irois en Champagne (225 — 1 et 2). Six pièces. Très belles épreuves.

223 — Veue de la ville de Joigny en Champagne (227), — Veue de l'abbaye royalle de Joyanvalle proche Saint-Germain en Laye (228). Deux pièces.

234 — Veues de Liencourt. Hostel à Paris et chasteau (F. 230 — 1 à 8). Suite de huit pièces y compris le titre. Très belles épreuves.

SILVESTRE (Israel)

235 — Veue de L'ouale... (F. 230 — 9). Très belle épreuve.

236 — Différentes veues du chasteau et des jardins, fontaines, cascades, canaux et parterres de Liencourt (F. 230 — 10 à 22). Suite de treize pièces y compris le titre.

Les deux vues du château de Coffri faisant parties de cette suite et décrites sous le numéro 215, seront vendues avec cette suite Très belles épreuves.

237 — Diverses petites veues de Liencourt, desine et grave par Israel Silvestre, 1655. Suite de huit pièces et le titre (F. 230 — 23 à 31). Très belles épreuves.

238 — Veue du canal de l'Escot et du grand parterre de Liencourt, — Veue d'une partie du chasteau et d'un parterre de Liencourt, — Veue des cascades de Liencourt (F. 230 — 32, 33 et 34). Belles épreuves.

239 — Veue de l'abbaye royal des religieuses de Lonchamps à une lieue de Paris (F. 231).

240 — Profil de la ville de Nancy, auquel sont jointes les veues et perspectivees des portes et lieux plus remarquables des environs d'icelle, par Israel Silvestre, natif de la même ville. Suite de douze pièces sans compter le titre (F. 232 — 1 à 13). Superbes épreuves.

241 — Veue en partie du Palais de Nancy, — Veue de Marzeville proche Nancy, — Veue du Crosme et du Pont de Marzeville proche Nancy (F., 232—15, 20 et 21).

242 — Veue du Chasteau de Lusigny en Brie, du costé du jardin.., — Veue du jardin de Lusigny en Brie.., — Veue de la cascade de Lusigny, — Veue du carré d'eau de Lusigny en Brie (F., 233—1, 2, 3 et 4). Quatre pièces. Très belles épreuves.

243 — Diverses veue de Lion desine et grave par Israel Silvestre à Paris. Suite de douze pièces (F., 234—9 à 20). Très belles épreuves.

SILVESTRE (ISRAEL)

244 — Veue de la ville de Lion, — Veue d'une partie de la ville de Lion, et de la rivière de Sone, — Veue du Chasteau-Gaillard à Lion, — La porte Neuve de la ville de Lion, — Chasteau de Pierre en Size de Lion, — Veue de Pierre Ensize à Lion, — Veue du bastion de Sainct Jean à Lion, — Eglise de Saint Jean de Lion, — Veue d'un coin du pont du Rosne (F., 234—24, 23, 23, 26, 27, 28, 29, 30. 31). Neuf pièces. Très belles épreuves.

245 — Veue de l'Arsenal et de la chaine qui ferme la rivière de Saone à Lyon, — Veue de l'Eglise de Saint-Jean, et du pont de la Saone à Lyon, — Veue du Palais et du Port Royal de Lyon, — Veue et perspective de la Maison de ville de Lion, du costé du jardin, — Veue particulière de la ville de Lyon, sous nostre Dame de Fourvière (F., 234,—33, 34, 35, 36 et 37). Cinq pièces. Très belles épreuves.

246 — Veue du Bastion Saint-Jean de Pierre en Size, et d'une partie de la ville de Lion. —Veue de l'Eglise des Cordeliers, et d'une partie de la ville de Lion sur le Rosne, — Veue de la maison de Vimy, appartenant à Monsr l'archevêque de Lion, primat des Gaules, — Maison de Vimy, près de Lion (F., 234—38, 39, 42 et 43). Très belles épreuves.

247 — Partie de la ville de Mascon (235), — Veue et perpective du chasteau de Madrid..., — Veue et fassade du chasteau de Madrid...,— (F., 236—1 et 2), — Veue et perspective du chasteau de Maison... (237), — Maison rouge sur la rivière de Seine. (239). Cinq pièces. Très belles épreuves.

248 — La grande Eglise de Manthe (240). Très belle épreuve, premier état. Rare.

249 — Veue d'une partiedu chasteau de Marlou, — Veue de l'entrée du chasteau de Marlou, — Veue du chasteau de Marlou, appartenant à Mme de Chatillon (F., 2431, 2 et 3). Trois pièces.

250 — Veue de la porte Reale de Marseille, — Veue de la tour et du port de Marseille, — Veue de la citadelle et de

Nostre Dame de la Garde et du port de Marseille, — Saint Victor de Marseille (F., 234—4, 5, 5, 6 et 7). Quatre pièces. Très belles épreuves.

SILVESTRE (Israel)

251 — Profil de la ville de Melun (248—1).

252 — Veue de nostre Dame de Melun, sur la riviere de Seyne (248—2),— Veue et perspective du chasteau de Meudon.., — Veue et perspective de la grotte du chasteau de Meudon..., — Veue et perpectives de la grotte de Meudon..., (F., 250—1, 2 et 3). Trois pièces. Très belles épreuves.

253 — Veue du chateau de Meudon du coté de l'entrée, — Veue du chateau de Meudon du coté du jardin, — Vue du chateau de Meudon du coté du village de Fleury, — Veue de la grotte de Meudon, — Veue du jardin et parc du chateau de Meudon. —Veue du parterre de la grotte de Meudon (F., 250—5, 6, 7, 8, 9. 10). Six pièces. Très belles épreuves.

254 — Veue du fort de Meulent sur la rivière de Seine (251), — Veue et perspective du chasteau de Moné..., (255), — Veue de la ville de Montbar en Bourgogne, — Chasteau de Montbar en Bourgogne (F., 256—1 et 2). Quatre pièces. Très belles épreuves.

255 — Veue des Martyrs de Montmartre proche Paris (F., 257). premier état.

256 — Veue de l'Eglise Sainct Pierre de Montpellier (259), — La ville de Moret près de Fontainebleau (F., 260), — Chasteau de Moulins en Bourbonnois (261),— Chasteau de Noisy le Sec... (267), — Veue du chasteau de Nuict en Bourgogne (268). Cinq pièces. Très belles épreuves.

257 — Nevers (263). Bonne épreuve.

258 — Veue de l'arc d'Orange, et d'une partie du chasteau et de la ville (269), — Veue de la tour Neufve d'Orléans (F., 270—2).—Veue du chasteau de Pacy en Champagne.., — Veue du chasteau de Passy en Champagne (F., 271—1 et 2). Quatre pièces.

SILVESTRE (Israel)

259 — Veue du village de Passy proche de Paris (272).

260 — Profil de la ville de Poissy, — Veue d'une église de Poissy (F., 274—1 et 2). Deux pièces.

261 — Veue et perspective du Chasteau de Pont en Champagne....., — Veue et perspective du Chasteau de Pont du Costé des Parterres (275—1 et 2), — Vue de l'Eglise Saint-André à Pontoise (276—3), — Veue du Pont Sainct-Esprit, — (277), — Veue de l'Abbaye de Quincy, proche de Tanlay....., — Veue de l'Abbaye et de l'Estang de Quincy....., — Veue du dedans et le bas de Quincy en Champagne (F., 278—1, 2 et 3), — Veue de la Tour de Quinquangrogne (279), — Veue de la Porte de Mars à Reims....., — Veue de l'Eglise Saint-Pierre de Reims (F. 280 — 1 et 2). Dix pièces. Très belles épreuves.

262 — Profil de la ville de Pontoise (276—1). Très belle épreuve.

263 — Veue de la Maison du Doiené de Pontoise (276—2). Très belle épreuve, rare. L'inscription du bas est coupée.

264 — Veues de la Ville et Chasteau de Richelieu (F., 281—1, 2, 3 et 4). Quatre pièces. Très belles épreuves.

265 — Veues de Chasteau du Rincy (F. 282,—1, 2 et 3), — Veue du Chasteau de la Roche Guyon en Normandie (F., 283). Quatre pièces. Très belles épreuves.

266 — Profil de la ville de Rouen (286—1). Très belle épreuve.

267 — Veue de l'Eglise Nostre-Dame de Rouen du côté du Pont, — Veue du Pont de pierre de Rouen, — Autre veue du Pont de pierre de Rouen et du mont Sainte-Catherine, — Veue du vieux Chasteau de Rouen, — Veue de la Porte du Bac à Rouen, — Place de Rouen ou les Anglais ont fait mourir la Pucelle d'Orléans (F., 286—2, 3, 4, 5, 6 et 7). Très belles épreuves. Rares.

268 — Vues du Château et Jardins de Ruel. Suite de douze pièces non compris le titre (F., 287—1 à 13). Très belles épreuves. Le titre nous manque.

SILVESTRE (Israel)

269 — Veue de Costé de l'Eglise de Ruel, — L'entrée de l'Eglise de Ruel, — Veue de la grotte de Ruel, — Veue de la grotte et cascade de Ruel, — Veue de la cascade de Ruel, — Veue de l'orangerie et de la perspective de Ruel (F., 287—14, 15, 16, 17, 19 et 20). Six pièces. Très belles épreuves.

270 — Veue au naturel de la Saincte Baume en provence (288).

271 — Vue de la Maison de Saint-Cloud appartenant à Monsieur frère unique du Roy (289—1) premier état, — Veue de la Maison de Saint-Cloud (289—2). Deux pièces. Très belles épreuves.

272 — Veues des Chateau et Parc de Saint-Cloud, Grottes, Cascades, etc. (F., 289,—3, 4, 5, 6, 7, 8, 9, 10 et 11). Neuf pièces. Très belles épreuves.

273 — Profil de la ville de Saint-Denis, — Veue d'une des portes de la ville Saint-Denis du costé de Paris, — Veue de la sépulture des Valois à Saint-Denis, — Veue du sepulcre des Valois à Saint-Denis, (F., 290,—1, 2, 3 et 4). Quatre pièces. Très belles épreuves.

274 — Veue du Chasteau de Saint-Germain en Laye, — Veue du Chasteau de Saint-Germain en Laye, — Veue de l'entrée du vieux Chasteau de Saint-Germain en Laye, — Veue d'une partie du Chasteau neuf de Sainct-Germain en Laye, — Veue des Chasteaus de Saint-Germain en Laye, — Veue de la Chapelle du Chasteau de Saint Germain en Laye, — Saint-Germain en Laye, — Veue de Saint-Germain en Laye, — Veue de la Muette de Sainct-Germain en Laye, — (F., 292—5, 6, 7, 8, 9, 10, 12, 13 et 15). Neuf pièces. Superbes éprouves.

275 — Veue du Chateau neuf de Saint-Germain en Laye du côté de la rivière (292—3).

276 — Cascade proche Saint-Joire en Dauphiné (293), — Veue et perspective du Chasteau de Sainct-Maur (294). Deux pièces.

SILVESTRE (Israel)

277 — Veue et perspective de la Maison de Sceaux du costé du jardin (F., 298—1). Très belle épreuve.

278 — Veues et perspectives du Château de Tanlay. (F., 303—1 à 6). Suite de six pièces. Très belles épreuves.

279 — Veues et perspective du Château, Canal, Grotte et village de Tanlay. Suite de neuf pièces dont nous n'avons que huit (F., 303—7 à 15). Superbes épreuves, manque le n° 7.

280 — Veue et perspective de la ville et comté de Tonnerre en Champagne, — Veue de l'Eglise Saint-Martin, proche Tonnerre, — Veue de l'Eglise Nostre-Dame de Tonnerre, — Veue du Chasteau de Lesigné, proche Tonnerre, — Veue de l'Abbaye Sainct-Michel de Tonnerre, — Veue de l'Eglise Saint-Pierre de Tonnerre, — Veue de l'Abbaye Saint-Martin du Diocèse de Langre, (F., 306—2, 4, 5, 7, 8, 9 et 10). Sept pièces. Très belles épreuves.

281 — Veue de la ville de Tournus sur la Rivière de Saone (308), — La ville de Trevou près Lion (309), — Veue du chateau de Valery (310), — Église de Venteuil proche la Roche Guion (312), — Veue du chasteau de Verderone à douze lieues de Paris (313), — Veue et perspective du chasteau de Verger en Anjou (315). Six pièces. Très belles épreuves.

282 — Veue de Vaux le Vicomte du costé de l'entrée, — Veue et perspective de Vaux le Vicomte du costé du jardin, — Veue et perspective du jardin de Vaux le Vicomte, — Veue et perspective du chasteau de Vaux, par le costé, — Veue du chasteau de Vaux par le costé, — Autre veue du jardin de Vaux, — Veue et perspective du parterre des fleurs, — Veue et perspective des petites cascades de Vaux, — Veue et perspective des cascades de Vaux, — Veue et perspective de la grotte et d'une partie du canal (F. 311 — 2, 3, 4, 5, 6, 7, 8, 11, 12 et 13.). Dix pièces. Très belles épreuves.

283 — Veue et perspective des cascades de Vaux, — Veue et perspective de la grotte et d'une partie du canal de

SILVESTRE (ISRAEL)

Vaux, — Veue des petites cascades de Vaux (F., 311 — 11, 13 et 14). Très belles épreuves.

284 — Veues du chasteau de Verneuil (F. 316 — 1, 2 et 3). Trois pièces. Très belles épreuves.

285 — Veues du chasteau et du Parc de Versailles (F. 317 — 6, 8, 9, 12, 16, 17, 18 et 20). Neuf pièces. Très belles épreuves.

286 — Veues du chasteau royal de Versailles (F., 317 — 1), — Veues du chasteau de Villeroy (F., 319 — 1 et 2), — Veues du chasteau de Vincennes (F., 320 — 3, 4 et 5). Six pièces. Très belles épreuves.

287 — Titre anonyme (F. 323), — Titre d'une suite de quinze pièces (F. 345), — Titre d'une suite de vingt pièces (F. 353). Trois pièces. Très belles épreuves.

288 — Les Plaisirs de l'Isle enchantée, course de Bague ; collation ornée de machines ; comédie, meslée de danse et de musique ; ballet du palais d'Alcine ; feu d'artifice et autres festes galantes et magnifiques, faites par le Roy à Versailles, le VII May 1664 et continuées plusieurs autres jours. A Paris, de l'Imprimerie Royale, 1673. 1 vol. in-fol., demi-rel., mar. rou.

289 — **L'Entrée** triomphante de leurs majestez Louis XIV, roy de France et de Navarre et Marie Thérèse d'Austriche son espouse, dans la ville de Paris capitale de leurs royaumes, au retour de la signature de la Paix générale et de leur heureux mariage, enrichie de plusieurs figures, des harangues et des diverses pièces considérables pour l'histoire. Imprimé en l'an 1662. A Paris chez Pierre Le Petit, Thomas Joly et Louis Bilaine. 1 vol. in-fol., veau. Fig.

STELZER (J.-J.)

290 — Vue générale de Paris en deux planches. Très belle épreuve, marge.

TESTARD, DURAND ET SERGENT (d'après)

291 — Palais et maisons de Paris. Quarante-neuf pièces de forme ronde, gravées en couleur par Guyot, Janinet, Roger et le Campion. Très belles épreuves.

TURGOT

292 — Plan de Paris en vingt planches et un plan d'ensemble, en 1 vol. in-fol., veau marbré, aux armes de la ville de Paris.

293 — Le même plan. Exemplaire en feuilles.

VAUGONDY

294 — Tablettes parisiennes qui contiennent le plan de la ville et des faubourgs de Paris, divisé en vingt quartiers..., par le seigneur Robert de Vaugondy. A Paris, chez l'auteur, 1760. 1 vol. in-8, veau marbré.

VERNIQUET

295 — Plan de la ville de Paris avec sa nouvelle enceinte levé géométriquement sur la méridienne de l'Observatoire par le citoyen Verniquet, parachevé en 1791. Grand in-fol. en feuilles.

WITT (F. DE, excudit)

296 — Vue générale de Paris, en quatre feuilles, avec légendes en latin, français et hollandais. Très belle épreuve. Rare.

297 — Vue générale de Paris. Très belle épreuve, marge.

Paris. — Imprimerie Pillet et Dumoulin, 5, rue des Grands-Augustins.

www.ingramcontent.com/pod-product-compliance
Ingram Content Group UK Ltd.
Pitfield, Milton Keynes, MK11 3LW, UK
UKHW020458230726
13925UKWH00005B/2015

9 782014 451528